27
L n 1064s.

APPEL

A

L'OPINION

PUBLIQUE.

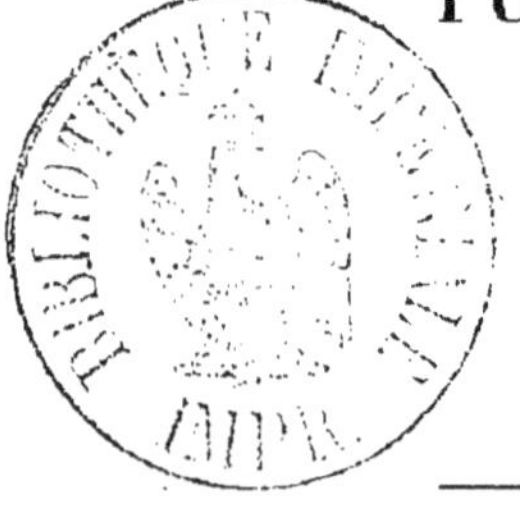

ANGERS,

IMPRIMERIE DE CORNILLEAU ET MAIGE,

PLACE SAINT-MARTIN.

1846.

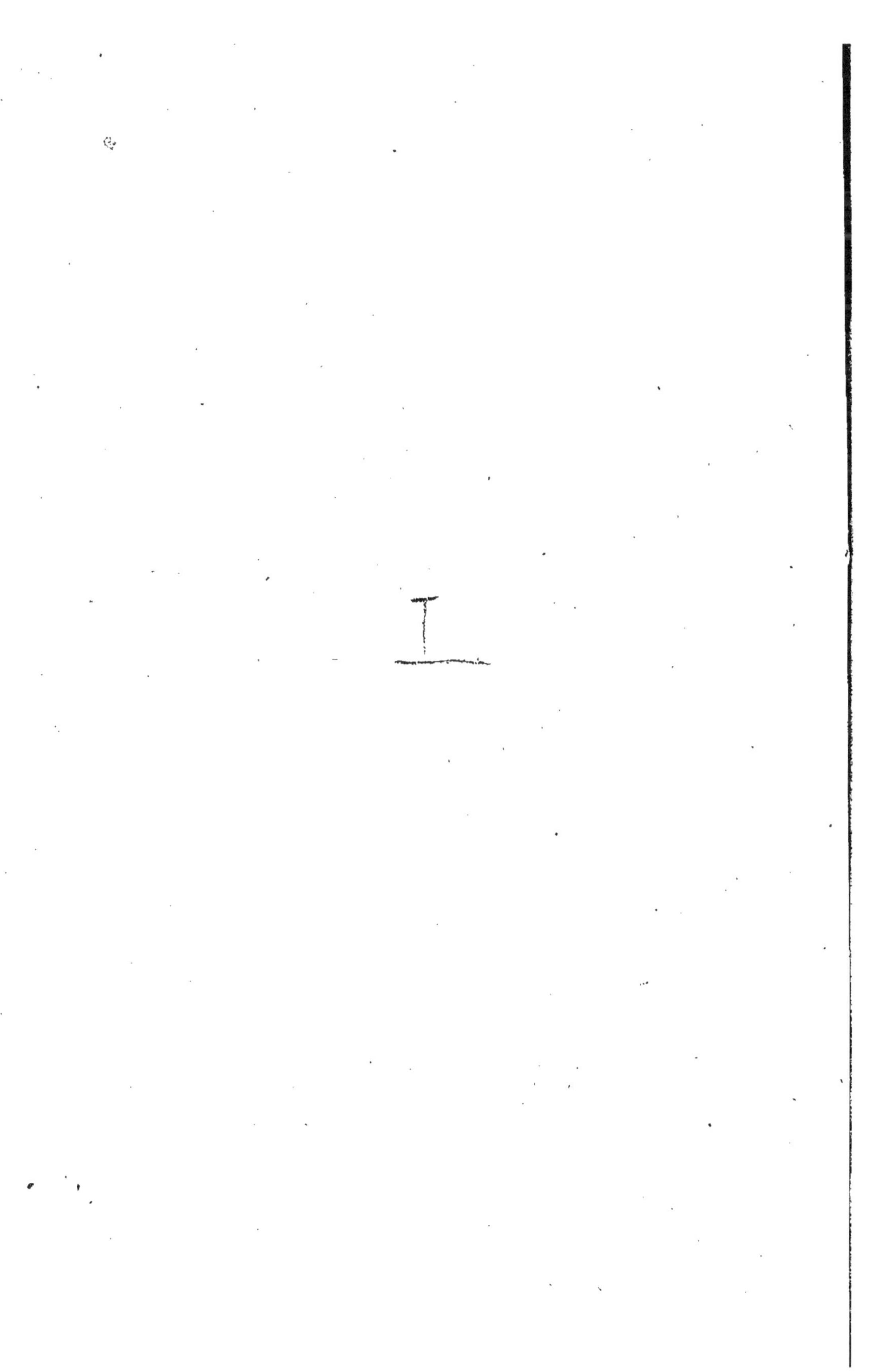

B.R
Nantes, lith. Guerry r. de la Fosse, 21

APPEL

A

L'OPINION PUBLIQUE.

Blessé dans mes affections, attaqué dans mon honneur, en butte à d'ignobles accusations, j'ai dû porter
au grand jour de la publicité une lutte dans laquelle
mes adversaires employaient contre moi les plus odieux
moyens. Pour faire taire des propos infâmes et des commentaires plus infâmes encore, pour arrêter ce débor-
dement d'injures et de calomnies qu'on répandait sour-
dement contre moi, j'ai raconté les coupables trames
dont on avait entouré le chevet de ma fille agonisante,
j'ai démasqué les suggestions intéressées, les complots
cupides qui ont porté le trouble dans mon intérieur et la
douleur dans mon cœur.

Je ne crois pas avoir dépassé en cela les bornes de la

plus légitime défense. Malgré mon indignation, je me suis efforcé de rester calme dans ma sincérité, et vrai dans mes discussions. Certes, pour arracher le masque d'hypocrisie dont se couvraient mes adversaires, il m'a fallu faire violence à ma vive affliction, et refouler dans mon ame ulcérée les sentiments d'une trop légitime amertume; mais je n'ai point oublié que la colère est mauvaise conseillère, et j'ai voulu surtout porter la conviction dans l'esprit de tous ceux qui me liraient, et mettre les pères de famille en garde contre les tentatives spoliatrices auxquelles ma famille a été livrée.

J'espère avoir réussi. Du reste l'opinion publique jugera. Je remets sous ses yeux aujourd'hui toutes les pièces de ce scandaleux procès. Elle prononcera!

DE LA BENARDAIS.

LETTRE DE M. DE LA BENARDAIS

A M. LE RÉDACTEUR *du Précurseur de l'Ouest.*

La Cornouaille, 17 juillet.

Monsieur le Rédacteur,

J'avais deux filles : l'une d'elles vient de mourir. Sans respect pour ma douleur, des personnes malintentionnées ont entouré les funérailles de mon enfant de circonstances injurieuses pour moi. Ce sont là d'indignes calomnies qui tomberont d'elles mêmes. Je n'ai pas à m'en occuper. Mais j'ai un devoir à remplir envers tous les pères de famille ; un avertissement à leur donner, en signalant l'origine, les causes et les auteurs de l'espèce de persécution dont je suis l'objet dans mon affection pour ma malheureuse enfant, dans mes regrets et dans mon honneur.

Ma fille avait pour directeur l'aumônier de l'hôpital de Candé, M. C.... Lorsqu'elle fut malade, il lui conseilla de faire un testament, après lui avoir persuadé que la loi ne s'opposait pas à ce qu'elle disposât de ses biens, que par conséquent elle ne ferait rien de préjudiciable aux intérêts de son frère et de sa sœur.

Marianne G..., la femme de chambre, avait acheté du papier timbré. L'intention était de faire faire un testament olographe ; mais déjà ma fille ne pouvait plus écrire. Le papier timbré a été plus tard produit devant témoins.

Je fus sollicité de faire venir un notaire, sous le spécieux prétexte de me tout donner. Malgré mes observations et mon refus, on persista dans cette résolution, et le notaire fut demandé. Avant qu'il n'arrivât, cependant, j'engageai M. l'aumônier à s'informer des dispositions de sa pénitente. Je ne pus obtenir de lui que cette réponse : que ma fille n'entendait rien faire qui pût me causer des désagréments. La réponse était vague et captieuse ; je n'en fus pas dupe. Je donnai connaissance des faits au notaire, et lui dis que je faisais acte de complaisance et ne voulais me prêter à aucune atteinte aux droits de mes autres enfants.

Lorsque le notaire et les témoins furent réunis, on les pria de garder le secret du testament. Cela se faisait en dehors de moi. On comprend de qui venait le conseil de ce mystère.

Lorsque le notaire demanda à ma fille quelles étaient ses intentions, elle déclara qu'elle me donnait tous ses biens, mais à la charge de remplir les dons qu'elle voulait faire, et qui comprenaient à peu près tout ce dont elle pouvait disposer ; de sorte que j'allais me trouver le distributeur de sa fortune.

Elle commença ses munificences par Marianne G..., la femme de chambre, à laquelle elle assurait huit cents francs de rente, etc., etc.

Aussitôt un des témoins, jugeant qu'on agissait sans m'avoir prévenu, contre l'intérêt de ma famille, crut devoir se retirer. Les autres témoins le suivirent, et le testament ne se fit pas. Le lendemain, il n'était plus temps !

Voici d'après des témoignages certains et dont au besoin je pourrais justifier, quelles devaient être les dispositions du testament entier :

1° A la demoiselle Marianne G... huit cents francs de rente, toute la garde-robe et une assez forte somme en numéraire.

2° Aux frères de la doctrine chrétienne, de Candé, 10,000 f.

3° A la demoiselle Léonie, nièce de l'aumônier et filleule de Marianne G..., 6,000 fr.

4° Au sieur Auguste P..., domestique de ma maison, ami de la demoiselle Marianne G..., quatre cents francs de rente.

5° A la demoiselle Victorine B..., ouvrière, amie intime de Marianne G..., quatre cents francs, sous le prétexte d'entrer, pour la troisième fois, dans une communauté.

Et autres dons.

Je n'ai pas besoin de rappeler l'habitude de certains prêtres d'employer des intermédiaires pour se faire attribuer, pour eux-mêmes ou pour ce qu'ils appellent les besoins de la religion, la fortune de leurs pénitentes.

Comme preuve de la captation dont ma pauvre enfant avait été l'objet, je pourrais citer vingt faits. Le dépit, la rancune dont me poursuivent en ce moment les gens dont les espérances ont été frustrées, en est déjà un témoignage. Au besoin, j'en produirais d'autres. J'ai à ma disposition une lettre de MM. les frères de la doctrine chrétienne où ils avouent la connaissance qu'ils avaient du don de 10,000 fr. qui devait leur être fait; et le témoin qui le premier s'est retiré, mandé par eux, a reçu les plus apres reproches pour une conduite qui, lui ont-ils dit, les privait d'une somme considérable.

Maintenant, je le demande à tout le monde, où est la loi, du moins où est l'obstacle qu'on puisse opposer à des abus aussi scandaleux de la confession? Capter l'esprit et la confiance des uns, pour dépouiller les autres, au profit de je ne sais quels intérêts honteux, jeter les questions d'argent, c'est à dire le trouble dans les familles, est-ce là l'œuvre d'un chrétien, d'un prêtre, d'un directeur de conscience? Le danger que je signale est celui de tous; mais il est le mien encore, ou plutôt celui de mon fils, car il me reste une seconde fille qui, en ce moment aussi, appartient plus à son confesseur qu'à moi, son père. Et ce confesseur, c'est toujours M. l'aumônier de l'hôpital de Candé, dont elle est éloignée seulement depuis quelques jours. Malade, sur le point de mourir peut-être, ayant été entretenue d'ailleurs dans ces funestes idées de mort prochaine, elle est, pour ses biens, dans les mêmes intentions que sa sœur. MM. les frères de la doctrine se croient sûrs cette fois de leur somme, et l'un d'eux disait récemment à quelqu'un qui en déposerait s'il était nécessaire, « qu'ils avaient manqué leur affaire avec l'une, mais qu'ils s'y prendraient mieux avec l'autre. »

Je répéterai ma demande : par quels moyens arrêter ces spoliations ? Pour moi, monsieur le rédacteur, je n'aperçois qu'un recours contre cette avidité croissante, c'est la presse. C'est à ce titre que je réclame de votre indépendance, de votre devoir, l'insertion de cette lettre.

Je pourrais rappeler que ce n'est pas la première fois que MM. du clergé s'attaquent aux miens et à ma fortune. Je devais hériter de la terre de la Mailleraie, d'une valeur de 10,000 fr. de rente environ; elle est allée par testament à une autre personne. On a parlé à ce sujet d'un modèle de testament fourni par monseigneur l'évêque, général de l'ordre et supérieur des trapistes lui-même. Je veux croire que c'est une calomnie. Toutefois, MM. du couvent de la Mailleraie avaient obtenu déjà pour eux-mêmes, de ma parente, deux métairies. Ainsi, les trapistes aussi s'en mêlent !

Recevez, etc.,

DE LA BENARDAIS.

RÉPONSE DE M. L'ABBÉ CHAILLOUS.

MONSIEUR LE RÉDACTEUR ,

Vous avez inséré dans votre numéro du 20 une longue lettre de M. de la Benardais qui m'attaque avec une rare violence de langage dans tout ce que j'ai de précieux au monde, mon honneur sacerdotal.

Ainsi que vous l'avez compris vous-même, Monsieur, je ne saurais consentir à rester sous le coup d'une telle accusation. Ici, le silence serait coupable; car le monde ne manquerait pas de l'interpréter comme un aveu. Je dérogerai donc, puisqu'il le faut dans cette circonstance, aux habitudes de toute ma vie, et j'aborderai sans crainte, pour me justifier, la publicité qu'on emploie pour me noircir.

J'ai été, il est vrai, le directeur de mademoiselle de la Benardais; honoré de sa confiance, je me suis appliqué à remplir avec prudence les fonctions délicates dont j'étais chargé près d'elle. Pénétré de mes devoirs, j'en connais l'étendue et les bornes. *Jamais* je n'ai conseillé à mademoiselle de la Benardais de faire *un testament;* un conseil de cette nature ne rentrait pas dans les attributions de mon ministère, et j'ai toujours tenu à ne point m'en écarter. Il est vrai qu'elle me fit écrire pour me prier de lui envoyer une formule qui pût lui servir à dresser l'acte qu'elle méditait; mais à sa demande, j'ai opposé un refus constant, que ses instances n'ont jamais pu vaincre. Si donc M. de la Benardais s'étonne de la persistance de sa fille dans son projet de testament, sans en rechercher la raison dans le secret de mes conseils, il pourra le trouver dans le caractère même de cette jeune personne, à qui il a reproché tant de fois son attachement excessif à ses volontés.

Qu'il se rappelle les circonstances de ce triste événement, sa *douleur* ne doit pas les avoir effacées de sa mémoire. Ne se souvient-il pas, que le jour même qui précéda la mort de sa fille, il vint me trouver et me dit qu'elle l'avait prié de mander un notaire pour recevoir son testament, que ses intentions étaient de lui tout donner, à l'exception de sa garde-robe qu'elle destinait à Marianne G..., sa femme de chambre; mais que lui ne consentirait pas à accepter cette donation, à moins que sa fille ne la fît purement et simplement, parce qu'il lui répugnait d'avoir des intérêts à débattre avec une domestique? Ne se souvient-il pas qu'il me pria d'aller voir la malade et de la disposer à agir dans le sens de ses désirs? Ses confidences d'alors et ses accusations actuelles ne forment-elles pas un étrange contraste? Si l'esprit défiant de M. de la Benardais ne l'a pas empêché de placer en moi quelque confiance, il m'est peut-être permis de croire que je n'en étais pas tout à fait indigne, et la peinture odieuse qu'il fait maintenant de ma conduite devient assez invraissemblable. A son invitation, je répondis qu'il n'entrait pas dans mes habitudes de m'occuper de semblables affaires; mais que néanmoins, puisqu'il m'en priait, je consentais, par déférence, à tenter cette démarche.

Je vis donc mademoiselle de la Benardais. Aux observations que je lui adressai *au nom et de la part de son père*, je ne pus obtenir d'elle d'autre réponse que celle-ci : *Monsieur l'abbé, soyez tranquille : dites à mon père que je ne suis point dans le dessein de rien faire qui puisse lui causer de la peine.* Ces paroles sont à la fois le résultat et la mesure d'une influence que l'on veut dépeindre puissante jusqu'à la captation !

Je dus transmettre à M. de la Benardais cette réponse telle qu'elle m'avait été faite. Si elle est *vague*, il faut peut-être en rejeter la faute sur l'affaiblissement intellectuel de la malade;

si elle est *captieuse,* j'ignore quels motifs mademoiselle de la Benardais pouvait avoir de se défier de son père.

Ceci se passait quelques heures avant l'arrivée du notaire, demandé par M. de la Benardais lui-même. Ayant remarqué l'état d'épuisement où se trouvait alors sa fille, je lui dis : *Monsieur, votre enfant est tellement affaiblie, elle a les idées si peu nettes, que je la crois incapable de faire un testament.* Là-dessus il me répondit : *Elle n'a pas besoin de beaucoup de force pour dire : Je donne tout à mon père.*

Le notaire arrivé, les témoins présents, on exige de ceux-ci le secret sur ce qu'il allaient entendre. *On comprend de qui venait le conseil de ce mystère.* Quand les faits manquent à M. de la Benardais, il a au moins la perfidie des insinuations. Résolu à voir et montrer partout mon intervention, il en trouve la preuve dans les circonstances les plus innocentes et les plus ordinaires, comme si la précaution qu'il signale à l'indignation publique était étrange et inusitée ; comme si mademoiselle sa fille était la première qui l'eût jamais employée ; comme si elle était à l'usage des seules personnes que je dirige ou qui m'accordent sur leur esprit quelqu'influence. M. de la Benardais ignore t-il donc qu'en matière de testament, le secret sur ce qu'ils vont entendre, est d'ordinaire la première garantie exigée des témoins ?

Après l'entretien dont j'ai parlé, je n'ai plus vu mademoiselle. Je n'ai su que par les bruits publics, par les dires des témoins et les lettres mêmes de M. de la Benardaïs, ce qui s'est passé depuis. D'après ces différents rapports, il demeure avéré que la malade déclara au notaire qu'elle léguait tous ses biens à son père, à la charge par lui de donner à Marianne G..., sa femme de chambre, 600 fr. de rente. Le notaire, désirant des explications précises, lui demanda s'il s'agissait d'une rente viagère. *Oui,* répondit-elle, *600 fr. de rente viagère; et 800 fr. si Marianne reste à la maison jusqu'à la mort de ma sœur.* Aussitôt un des témoins, à qui M. de la Benardais avait fait promettre

qu'il se retirerait, s'il était fait quelques dons à des personnes
étrangères à la famille, sortit de la chambre, et alla l'avertir
de ce qui se passait. Celui-ci entra et pria les autres témoins
de se retirer. L'exactitude de ces détails est garantie par une
lettre de M. de la Benardais, datée du 14 juin. Maintenant si
le *testament ne se fit pas,* on sait sur qui doit en retomber la
faute.

Mais quels étaient ces legs faits à des personnes étrangères
et dont la seule énonciation amena la brusque interruption
de l'acte solennel qui allait se consommer à ce moment ? M. de
la Benardais en énumère un grand nombre dans l'article inséré au *Précurseur.* Eh bien ! contradictoirement à ses assertions, les témoins ont déclaré n'en avoir entendu faire aucun
autre que celui même qui le concernait, lui et la femme de
chambre. Qui donc s'est chargé d'achever ce testament interrompu par la mort ? Qui donc s'est chargé d'ajouter cette
clause d'un don de 6,000 fr. en faveur de la *demoiselle Léonie,
nièce de l'aumônier* ? Je voudrais, pour l'honneur de quelques-
uns, que cela fut un mystère impénétrable ; mais malheureu-
sement l'explication est facile ; les hommes ne sont pas rares
de nos jours, pour qui c'est un irrésistible besoin de dénigrer
le prêtre, de jeter sur son caractère des soupçons odieux,
pour entraîner la religion, s'il était possible, dans la ruine
de sa considération personnelle. Je remercie ces hommes de
m'avoir jugé digne de leurs injures. Cependant je dois leur
dire qu'ici la passion les a mal inspirés : en s'adressant à moi,
la calomnie, pour le cas présent, perd de sa vraisemblance.
Durant le laps de seize années que j'ai passées à Candé dans
l'exercice de mon ministère, un testament, mais un seul a
été fait en ma faveur. Me suis-je empressé de l'accepter ? Que
M. de la Benardais veuille bien passer dans l'étude de M. Reine,
et il y pourra lire en bonne et due forme l'acte de ma ré-
nonciation.

Cependant, ce n'est pas assez pour lui de chercher à flétrir mon honneur dans un événement accompli, il me tient encore sous le coup d'une accusation préventive. *Il me reste une seconde fille qui en ce moment appartient plus à son confesseur qu'à moi, son père, et ce confesseur est toujours M. l'aumônier de l'hôpital de Candé.* Ainsi, il est bien entendu que si mademoiselle de la Benardais veut, comme sa sœur, avant de mourir, faire un testament, ce sera moi qui lui en suggererai les dispositions. Cette appréhension fait frémir M. son père et la crainte d'un pareil danger lui inspire un terrible effroi? Qu'il se rassure; n'a t-il pas un moyen bien simple de le conjurer! Qu'il choisisse un témoin complaisant à qui il fera promettre de l'avertir aussitôt que sa fille ouvrira la bouche pour faire un legs en faveur de quelque personne étrangère. Il se hâtera d'accourir; il priera les autres témoins de se retirer; *le testament* ne se fera pas, et tout sera sauvé, tout, excepté la liberté de ses enfants.

De ce récit simple et fidèle des faits tels qu'ils se sont passés, il résulte :

1° Que je n'ai point *conseillé* à mademoiselle de la Benardais de faire un testament ;

2° Qu'elle n'a point fait de legs à ma nièce, par la raison qu'on ne lui a pas même laissé le temps d'expliquer ses intentions.

3° Que M. de la Benardais consentait à laisser mademoiselle sa fille faire un testament, mais à la seule condition qu'il serait établi légataire universel.

Maintenant je le demande; où est la vérité de ses assertions, où est la légalité de sa conduite?

J'ai fini avec M. de la Benardais; mais avant de terminer cette lettre, je dois vous remercier, monsieur le rédacteur, de la délicatesse dont vous avez fait preuve à mon égard en voulant bien suspendre votre jugement sur le fond de l'accusation lancée contre moi, jusqu'à ce que je puisse vous présenter ma défense. Vous avez inséré la lettre où je suis attaqué avec des

formules de doute et des réserves qui honorent votre impartialité; recevez-en mes sincères remerciements. J'ose espérer
qu'après m'avoir offert une place dans vos colonnes avant que
je l'aie demandée, vous voudrez bien me l'accorder maintenant que je la réclame.

Recevez, etc.

CHAILLOUS, *prêtre-aumonier*.

DEUXIÈME LETTRE DE M. DE LA BÉNARDAIS.

Monsieur le Rédacteur,

Je dois une réponse à M. l'abbé Chailloux. M. l'aumônier ne m'a pas épargné les allusions injurieuses. Il ne s'est arrêté ni devant ma douleur ni devant mon titre de père. Il a été jusqu'à violer le respect religieux qu'il devait à la mémoire de sa pénitente, morte aujourd'hui. Avec une feinte modération qui cache mal une colère et une rancune peu chrétiennes, il s'en est pris de ce qui arrive à moi, à ma fille, aux témoins, à tout le monde, excepté à lui-même, cause unique de ce scandale.

Tant de fiel entre-t-il dans l'ame des dévots ?

Pour mon compte, j'ai le droit de mépriser ces récrimi_nations. Leur objet est évident ; on essaie de détourner ainsi l'attention publique de faits accablants. Permettez-moi d'y revenir pour les prouver purement et simplement. Je serai aussi bref que possible, et je crois n'avoir pas besoin d'ajouter des réflexions qui naturellement naîtront chez tous.

Je veux dire un mot cependant et tout d'abord sur un point qui me concerne.

M. l'aumônier m'accuse d'avoir convoité moi-même la succession de ma fille. Le fait est faux ; et si M. l'aumônier était un autre homme, il me suffirait d'en appeler à ses souvenirs. Devant lui, devant le notaire, devant la femme de chambre, n'ai-je pas déclaré à mon enfant, que je ne lui demandais pas ses biens, que je n'en voulais rien, qu'elle avait un frère et une sœur, et que je ne me rendrais pas complice d'un testament qui les déshériterait? M. l'aumônier oserait-il contester ces paroles prononcées devant notaire?

Mais, que je me sois préoccupé du testament, le fait est vrai. C'est une idée qui était venue en dehors de moi, à mon insu. Lorsque j'en ai été instruit, j'ai dû m'inquiéter des manœuvres secrètes qui se pratiquaient dans ma maison, des séductions dont ma fille était entourée, de la captation qui, tous les jours et sous l'apparence respectable de conseils pieux, s'emparait d'elle. Il me restait un fils et une autre fille, et j'ai craint, oui! j'ai craint qu'ils ne fussent dépouillés de biens que je croyais déjà un peu les leurs. En un mot, j'ai désiré que ces biens qui étaient nôtres ne sortissent pas de la famille; et pour aller à qui? à des étrangers, à des prêtres et à leurs nièces, à des servantes, à des frères de la doctrine plus ou moins chrétienne, etc., etc. Je me suis opposé, dans la mesure de mes droits et de mes devoirs, à un acte qui ne présentait aucun des caractères d'une résolution librement conçue et spontanément accomplie, et qui me faisait le distributeur ridicule des biens de ma fille. Voilà la vérité, que je confesse hautement. Il est possible que j'aye obéi à des sentiments qui n'ont rien de commun avec M. l'aumônier et qu'il ne comprend pas, mais j'en appelle à tous les pères de famille, et je suis d'avance certain de leur complète approbation !

Maintenant que dit M. l'aumônier pour sa justification ? Une seule chose, sur laquelle porte toute sa lettre : il prétend, il affirme, il est prêt à donner sa parole de prêtre, que ce n'est pas lui qui a donné le conseil du testament.

Qui est-ce donc? Serait-ce moi, par hasard, qui aurais sollicité mon enfant de dépouiller sa famille entière, et qui lui aurais appris, d'une si étrange façon, les droits que lui donnait le code, en lui persuadant qu'elle ne portait aucun préjudice aux intérêts de son frère et de sa sœur, *puisque la loi ne s'op-posait pas à ce qu'elle disposât de ses biens*? Serait-ce moi qui eus été lui enseigner le détachement et le dédain des liens de la famille? La supposition est absurde. Or, cependant, M. l'aumônier, ce ne peut être que moi ou vous, car vous savez bien qu'elle ne recevait dans son intimité personne autre. Et les noms qui devaient être inscrits sur ce testament, ne sont-ils pas encore des preuves toutes puissantes de votre intervention !

Mais sortons des raisonnements. Voici des faits : ce sont des questions que je vous adresse, M. l'aumônier.

Vingt jours environ avant la mort de mon enfant, n'avez vous pas demandé à quelqu'un de vouloir bien accepter le rôle d'exécuteur testamentaire?

N'avez-vous pas fait cette demande, en sortant de chez moi, dans une petite allée du parc, conduisant au chemin communal?

Et la personne à qui vous vous êtes adressé, n'est-ce pas un de vos confrères même, homme honorable que toute sa commune aime et respecte? Et depuis qu'il est question de toute cette affaire, ne lui avez-vous pas écrit, en lui disant que le sacerdoce était attaqué par les laïques, qu'il fallait faire cause commune, et ne pas accréditer votre demande, dont le bruit s'était répandu?

Ce sont là des faits catégoriques; oseriez-vous les nier?

On vous avait *fait écrire*, dites-vous, pour obtenir une formule de testament que vous avez refusée. Je vous connais aujourd'hui, et j'ai le droit de douter de ce fait jusqu'à ce que vous en ayiez fourni la preuve en produisant la lettre. Mais, de qui cette lettre, d'ailleurs? Ce n'est-ce pas de ma fille; serait ce de la femme de chambre, de cette même femme qui s'était procuré du papier timbré? Il se tramait donc chez moi, à mon insu, une spoliation dont vous aviez connaissance. Prêtre du Dieu de paix, de justice, de concorde, qui intervenez dans les familles pour y enseigner l'amour et l'union apparemment, n'était-il pas de votre devoir de m'en instruire?

M. l'aumônier n'insiste pas sur les dispositions projetées de ce testament, et je le conçois. Il ne les a connues, dit-il, que par la voix publique; c'est un véritable aveu dont je m'empare. Il en est une, toutefois, dont il ne touche mot, la plus importante cependant, celle qui donne au testament son vrai caractère et en accuse l'origine. Je veux parler des 10,000 fr. légués aux frères de la doctrine chrétienne. Devant ce fait établi par de nombreux témoignages, il garde un silence prudent. C'était là pourtant, si je me trompe, le point qu'il devait importer le plus à M. l'aumônier de détruire, car personne n'ignore dans le pays l'intimité de tous les jours qui existe entre les frères et lui. Il est une autre disposition que M. l'abbé nie, celle relative à sa nièce. C'est la seule; on trouvera que c'est trop peu, mais c'est trop encore pour la vérité. Il demande qui s'est chargé d'ajouter ces legs à un testament interrompu. Que M. l'abbé, si ses souvenirs lui font défaut, interroge encore à ce sujet ses amis de la doctrine chrétienne, car ce sont eux-mêmes qui ont révélé ce dernier fait à un homme que je puis nommer et qui le répéterait au besoin, le sieur Berthelot. C'était d'ailleurs au milieu de toutes ces gratifications la plus naturelle peut-être. Ma fille considérait un peu la demoiselle Léonie comme sa filleule, bien qu'elle ne soit que celle de la femme de chambre. Or, cette demoiselle Léonie était votre nièce, et ma fille votre pénitente. Vous voyez bien que cela coulait de source.

On comprend, au reste, qu'il a dû y avoir beaucoup d'indiscrétions, parce ce qu'il y a eu des espérances trompées. Les bruits répandus m'ont facilement conduit, par des renseignements sûrs, à la connaissance de tous les faits et de tous les détails. J'aurais pu d'ailleurs compter les héritiers déçus par le nombre et l'origine des calomnies colportées contre moi depuis cette malheureuse affaire,

En terminant, M. l'aumônier trouve presque matière à plaisanterie dans l'inquiétude que m'inspire les intentions de ma seconde fille. Ces inquiétudes paraitront respectables à tous les pères. Du reste, ces intentions, vous les connaissez mieux que moi sans doute, et vous ne les contestez pas. Cela n'a rien de plaisant, Monsieur, et je m'étonne que vous n'ayez pas vu ce qu'il y a là de gravement accusateur contre vous. Ou plutôt vous l'avez parfaitement compris. Vous êtes le confesseur de mes deux filles : que l'une d'elles songe à tester dans tel ou tel sens, vous pouvez invoquer le hasard, vous abriter derrière l'indépendance de son caractère ; mais ce n'est pas une seule, c'est l'autre aussi, ce sont vos deux pénitentes. Je dis que c'est la preuve la plus accablante de votre intervention secrète et pieusement intéressée.

Il me reste une dernière erreur à relever. M. l'aumônier vante son désintéressement. M. l'aumonier se fait illusion. Il rappelle un testament fait en sa faveur, auquel il a généreusement renoncé. C'est un souvenir maladroit. En effet, M. l'abbé a été déjà couché tout au long sur un testament, et ce testament, il y a renoncé, mais ce n'est pas de bonne grace, c'est sous le coup de menaces qui l'auraient très certainement conduit devant les tribunaux. La donation portait les caractères d'une flagrante captation. Ces faits sont connus de tout notre pays ; on pourrait interroger tous les habitants de Candé ; qu'on s'adresse seulement aux deux héritiers qu'on voulait frustrer, et on connaîtra l'espèce de sentiments qu'ils ont conservé pour M. l'aumônier. Ce n'est certes pas de la reconnaissance (1).

____

(1) M. l'aumônier m'engageait à passer dans l'étude de M. Reine. J'y suis allé. J'y ai lu ce testament fait le 17 septembre 1842; où ? à la cure de Candé ; devant qui ? devant M. le curé de Candé (à propos duquel je pourrais rappeler l'affaire Besnard), et devant le sacriste, un chantre, et le cordonnier du presbytère, témoins.

A propos de désintéressement, il nous faut bien reconnaître que cette vertu ne brille pas aujourd'hui d'un vif éclat dans les rangs du clergé. Je pourrais demander à M. l'aumônier s'il ne connaît pas un de ses plus voisins confrères, qui a obtenu de différentes personnes et par des tiers des prés, des champs, des closeries, dont il jouit en ce moment. Le même a reçu, notamment d'une pénitente, dix mille francs, d'une autre, trois mille, pour la racheter des peines du purgatoire. Celle-ci possédait un pré qui autrefois avait fait partie des dépendances du presbytère ; l'abbé en question a su, suivant ses propres paroles, l'avoir et s'arranger sans procès.

Mais je ne veux pas empiéter sur des faits qui ne me sont pas personnels. Je me résume en déclarant :

1° Que M. l'aumônier a donné à ma fille le conseil de faire un testament. On sait en faveur de quelles personnes ;

2° Et comme preuves, qu'il a demandé un exécuteur testamentaire ;

3° Qu'il a fait cette proposition à un de ses confrères ;

4° Qu'il lui a écrit depuis pour solliciter sa discrétion ;

5° Enfin, qu'il a enseigné à mes filles qu'elles pouvaient disposer de leurs biens sans porter préjudice à mes autres enfants, la loi ne s'y opposant pas.

Que M. l'aumônier, une main sur l'Évangile, nie tous ces

En vérité, M. l'aumônier n'est-il pas bien osé de mettre son désintéressement à l'abri derrière un souvenir pareil ?

Voici le texte de ce testament ; il est curieux à connaître.

« *Testament du sieur Gilard.*

« Je lègue à M. Mathurin Chaillous, aumônier de l'hôpital de Can-
» dé, pour mon légataire universel, en présence de Brochet, tisserand
» et sacriste, le sieur Marcolier, maître cordonnier (du presbytère),
» Descure, chantre, et le sieur Beaugé, curé de Candé.

» Fait à la cure de Candé, le 1er septembre 1842. »

faits, et je tiendrai la discussion pour close. Je serai suffisamment édifié, et l'opinion publique de notre contrée, qui l'accuse unanimement, le sera sans doute comme moi et autant que moi.

Agréez, M. le rédacteur, etc.

DE LA BENARDAIS.

Quelques jours après cette lettre, M. De la Benardais adressait au PRÉCURSEUR DE L'OUEST, les quelques lignes que voici, rectificatives d'une erreur commise par la rédaction du journal :

« MONSIEUR LE RÉDACTEUR,

» J'avais fait à ma dernière lettre une note relative au testament du sieur Gilard, mais je l'y avais mal rattachée sans doute. Cela a amené une légère erreur que je vous prie de rectifier. Je ne tiens pas ce testament de M. Reine, notaire à Candé ; la copie que je vous ai remise m'a été communiquée par les héritiers Gilard eux mêmes. Elle est au reste d'une authenticité incontestable.

» Cela n'a pas d'importance au fond, mais je ne voudrais pas, aux yeux des plus malveillants et de mes adversaires eux-mêmes, faire peser sur M. Reine le reproche d'une indiscrétion qui n'a pas eu lieu.

» Agréez, etc. DE LA BENARDAIS. »

DEUXIÈME RÉPONSE DE M. L'ABBÉ CHAILLOUS.

Monsieur le Rédacteur,

Je croyais en avoir fini avec M. de la Benardais. Je me plaisais à penser que les explications contenues dans ma réponse étaient assez satisfaisantes pour éclairer son erreur et prévenir de sa part une nouvelle agression. C'est avec douleur que j'ai vu l'illusion de ma confiance si promptement dissipée.

Puis donc que M. de la Benardais me ramène forcément sur le terrain de la discussion, je l'y suivrai encore aujourd'hui, mais pour la dernière fois.

Il commence par me reprocher d'avoir, en lui répondant, dépassé les bornes de la modération. Je prends tous nos lecteurs à témoins de la justice de ses plaintes ; ils ont dû facilement reconnaître dans les formes les plus tranchées de mon style les traces évidentes d'un respect habituel que la calomnie même ne réussira point à me faire oublier.

M. de la Benardais parle pompeusement de son titre de père. A Dieu ne plaise que je viole jamais la sainteté de cette qualité auguste : mais est-il donc le seul ici qui puisse invoquer la protection d'un titre sacré ? Celui dont la dignité m'honore m'a-t-il mis à l'abri de la violence de ses agressions ? Lors même que donnant un libre cours à une indignation trop juste, jaurais répondu à l'injure par le sarcasme, à qui M. de la Benardais aurait-il dû s'en prendre de la sévérité de mes représailles, si ce n'est aux amertumes de son langage provocateur ? qui donc a soulevé cette triste polémique ? qui donc a voulu amuser toute une contrée par la publicité de débats scandaleux? Est-ce moi qui, le premier, suis allé troubler la solitude de sa douleur? ou bien n'est-ce pas lui qui est venu tout à coup, par l'éclat d'une attaque inattendue, interrompre le paisible repos de mes obscures fonctions? Et maintenant que, forcé de me défendre, j'ai opposé aux passions de sa polémique le calme d'une discussion froide et sérieuse : maintenant, c'est moi qu'il accuse ! c'est moi qui suis emporté ! c'est lui qui donne l'exemple de la modération !!

Il se plaint d'allusions injurieuses. Quelles allusions si malignes me suis-je donc promis de faire? Ah! si abusant du droit de légitime défense, j'eusse voulu aussi, moi, me rendre le complaisant écho des rumeurs populaires, quel dramatique intérêt n'aurais-je pas présenté à l'avide curiosité des lecteurs? Mais non, j'ai sacrifié ces faciles avantages : j'ai cherché ma justification et non pas vengeance. D'ailleurs je me suis souvenu que le flot de l'opinion publique, quand il est bruyamment soulevé, roule d'ordinaire plus d'erreurs que de vérités. C'est le grand tort de M. de la Benardais, au fond le seul peut-être, de ne l'avoir pas suffisamment compris.

Je n'insisterai pas d'avantage sur ces détails préliminaires : j'ai hâte d'arriver à des réponses plus concluantes et d'aborder le fonds même de la question.

Si quelque chose a dû vous frapper, monsieur le rédacteur, c'est l'extrême faiblesse des raisons que M. de la Benardais fait valoir dans sa nouvelle lettre pour justifier les premières allégations. Ce qu'on y trouve le moins ce sont des preuves, cet élément nécessaire pourtant et cet appui indispensable de toute accusation. A la place, il nous donne des affirmations, des négations, des hypothèses, des bruits publics, des faits absolument étrangers à la cause, de sorte qu'à la fin, cette accusation qui devait avoir tant de corps s'évanouit, quand on la presse pour la saisir. Cependant, j'y distingue trois points principaux auxquels je veux donner des explications péremptoires.

M. de la Benardais me pose les questions suivantes et désire que j'y réponde catégoriquement.

Vingt jours environ avant la mort de mon enfant , n'avez-vous pas demandé à quelqu'un de vouloir bien accepter le rôle d'exécuteur testamentaire ?

Non , monsieur.

N'avez-vous pas fait cette demande en sortant de chez moi dans une petite allée du parc , conduisant au chemin communal ?

Non , monsieur.

La personne à laquelle vous vous êtes adressé , n'est-ce pas un de vos confrères mêmes , homme honorable que toute sa commune aime et respecte ?

Non , monsieur.

Je sens et je regrette tout ce que peut avoir de dur pour M. de la Benardais ce triple démenti. Mais aussi je vous demande, monsieur le rédacteur, la malheureuse précision de ces questions n'amenait-elle pas nécessairement la précision cruelle de mes réponses.

Cependant, *maintenant qu'il me connaît , il a droit de douter des faits que j'avance , jusqu'à ce que j'en aie fourni la preuve :* je vais la lui mettre sous les yeux. C'est la lettre de l'homme honorable que toute sa commune aime et respecte. Monsieur de la Benardais ne rétractera pas l'éloge si mérité qu'il lui décerne et par conséquent recevra son témoignage.

Voici cette lettre :

« Monsieur ,

« Vous ne m'avez prié ni fait prier d'être exécuteur testamentaire de mademoiselle de la Benardais ; je n'ai jamais dit que vous l'eussiez fait.

» Nous sommes un jour revenus ensemble de Villegontier à Candé, par la grande route; mais je ne me suis jamais trouvé avec vous dans la petite allée du parc conduisant au chemin communal.

Vous m'avez écrit, il est vrai, depuis qu'il est question de cette affaire, mais non dans le sens qu'on vous prête.

» J'ai l'honneur d'être, etc.

» 4 août 1845. »

Je n'userai pas ici de la facilité des commentaires, ils naissent en foule ; mais ils sont superflus.

Je passe à la seconde accusation.

M. de la Benardais avait avancé dans sa première lettre que les essais efficaces de captation tentés par moi sur Mlle sa fille avaient décidé celle-ci à gratifier ma nièce d'un don de 6,000 fr. J'ai repoussé de toutes mes forces l'origine et l'existence d'un pareil legs. Maintenant, M. de la Benardais s'étonne de l'énergie de mes dénégations. *C'était, dit-il, au milieu de toutes ces gratifications la plus naturelle peut-être.* — Pourquoi donc, monsieur, vous êtes-vous si fort couroucé d'une *gratification si naturelle ?* — *Vous voyez bien que cela coulait de source.* — On voit bien, monsieur, que vos accusations *découlent* de conjectures vaines et hasardées, dont le pénible échafaudage n'a ni fondement ni solidité. — Mais, *ce sont vos amis de la doctrine chrétienne qui ont révélé ce fait à un homme que je puis nommer et qui le répéterait au besoin, le sieur Berthelot.* — Si ce sont mes amis qui ont révélé ce fait, ce n'est donc point Mlle votre fille ; et par conséquent le legs accusateur n'a point été énoncé par elle au nombre de ceux que devait contenir le testament. — *Mais enfin l'entretien dont je parle a eu lieu ?* — Je vous ferai observer d'abord, monsieur, que mes amis de la doctrine chrétienne ont pu parler comme tout le monde des legs projetés, disait-on, dans le testament interrompu ; c'était un sujet général de conversation dans notre ville ; chacun répétait sans conséquence ce qu'il en avait entendu dire. Il est bien difficile, au milieu de rumeurs confuses, de connaître les véritables auteurs des bruits qui circulent ; ce sont quelquefois ceux-là même qui feignent innocemment de les apprendre par autrui. Mais, sans m'appesentir davantage sur ces considérations qui sont dans cette affaire, d'une vérité toute particulière, je coupe court à l'objection en niant formellement que jamais les frères aient tenu le propos qu'on leur prête : et le sieur Berthelot ne les répétera pas, sans venir se heurter contre des témoignages plus nombreux et aussi respectables que le sien.

L'examen d'un dernier grief complétera mes justifications. Dans ma première lettre, j'avais cru pouvoir mettre mon désintéressement à l'abri de ma renonciation authentique au seul testament qui ait jamais été fait en ma faveur, depuis que je suis à Candé; et j'avais invité M. de la Benardais à passer chez M. Reine pour vérifier l'exactitude de mes paroles. Il s'y est rendu, dit-il, et aussitôt il cite pour preuve le contenu de l'acte en question. Eh bien ! M. de la Benardais, je regrette qu'ici, encore, la vérité dans son expression la plus simple soit offensante pour vous. Non vous n'êtes point allé chez M. Reine lire le testament du 17 septembre 1842. Non, vous n'avez point eu entre les mains, ni sous les yeux, l'acte inouï que vous avez fait imprimer en note dans le *Précurseur*. J'en atteste la forme incroyable dont vous l'avez revêtu. Jamais notaire instruit redigea-t-il un testament dans un pareil style ? Quelle opinion faudrait-il avoir de celui qui aurait pu l'écrire ? Qu'on demande à M. Reine l'espèce de sentiment qu'a excité chez lui la publication d'une pièce où il lui est impossible de se reconnaître. Est-ce donc en faisant des actes de cette sorte qu'il s'est acquis dans notre pays une réputation honorable et une confiance universelle ? Ce testament est une fable absurde où le ridicule détruit la vraisemblance. Date, noms des témoins, rédaction, tout y est controuvé.

Je me hâte, M. le rédacteur, d'aller au-devant d'une réflexion pénible qui doit se présenter à l'esprit de tous les lecteurs. Est-il croyable, est il possible qu'un homme comme M. de la Benardais, un homme distingué par sa naissance et son éducation, se soit permis d'avancer sciemment des faits entachés d'une fausseté si palpable ? Faut-il donc lui clouer au front l'épithète infamante de calomniateur ? Ici, monsieur, je dois proclamer bien haut la conviction que j'ai acquise en réfléchissant sur l'origine et la suite de ces tristes débats. Non, M. de la Benardais, j'en suis sûr, ne mérite point la flétrissure attachée au mensonge et à la calomnie. Je repousse en son nom et au mien l'injustice d'un reproche si odieux ; la honte doit en retomber sur d'autres têtes. Oui, ce que M. de la Benardais a dit, il l'a sans doute cru le premier, je veux lui rendre publiquement cet hommage ; mais il a été indignement trompé, sa bonne foi a été surprise, sa confiance trahie, son jugement égaré par les rapports inexacts d'un zéle officieux mais maladroit et intéressé. Il a prêté une oreille trop facile à des bruits, sans fondement, sans consistance ; en un mot sa douleur a été crédule. Voilà, à mes yeux, le plus grand de ses torts, et je me plais à reconnaître qu'il porte avec lui son excuse.

Je borne ici ma défense, monsieur le rédacteur, et c'est la dernière que vous aurez de moi. (1)

Quoiqu'on puisse dire ou faire, on ne réussira pas à me faire rentrer dans une polémique irritante par sa nature et par la forme qu'on cherche à lui donner. Vos lecteurs trouveront, je

(1) On a paru surpris que je n'aie rien dit dans ma première lettre pour la défense de certaines personnes incriminées avec moi. Mais on comprendra facilement que n'ayant aucune mission pour plaider leur cause, j'ai dû me renfermer scrupuleusement dans les bornes de la mienne. Les hommes auxquels on fait allusion ont cru pouvoir s'en rapporter pour leur justification à l'impartialité de l'opinion publique; elle ne leur fera pas défaut.

M. de la Benardais revient aussi sur les craintes que lui inspirent les dispositions de sa seconde fille *toujours sous ma puissance*. Pour apprécier le fondement de ces appréhensions, il est bon qu'on sache que cette jeune personne est au Mans depuis le 26 juin, et que depuis la mort de sa sœur, je n'ai entretenu avec elle aucune espèce de relations...

l'espère, que j'ai assez fait pour le soin raisonnable de ma réputation ; ils pourraient croire que j'accorderais le reste à la haine où à la colère , et je ne veux pas qu'on m'accuse d'avoir jamais puisé mes inspirations dans de pareils sentiments. Je n'ajouterai qu'un mot. M. de la Benardais m'assure que si, la main sur l'Évangile, j'affirme mon innocence, il en croira ma parole de prêtre et tiendra la discussion pour close.

Ah ! pourquoi n'a-t-il pas fait tout d'abord cet appel à ma probité , j'y eusse reconnu les marques d'une estime qui m'a toujours été précieuse ; ma conscience y eût aussitôt répondu , et le nuage fatal qui commençait à s'élever dans son esprit eût été heureusement dissipé. Néanmoins, quoique tardivement proposée , je ne reculerai point devant cette épreuve , si aux yeux de M. de la Benardais elle doit être décisive. Oui, ma main sans trembler se levera sur le saint livre pour attester mon innocence, et je n'aurai point à porter les remords d'un faux serment.

Recevez, monsieur le rédacteur, l'assurance de la haute considération avec laquelle j'ai l'honneur d'être votre serviteur ,

CHAILLOUS, *Prêtre-Aumonier.*

Candé, le 7 août 1845.

TROISIÈME ET DERNIÈRE LETTRE DE M. DE LA BENARDAIS.

Monsieur le Rédacteur,

Je crains d'abuser de la place que vous voulez bien m'accorder, et d'abuser aussi de la complaisante attention du public. Cependant, je ne veux pas laisser la dernière lettre de M. l'abbé Chaillous sans une dernière réponse.

Je vous avouerai mon embarras. J'ai en face un étrange adversaire. A toutes les questions que je pose, à tous les faits que j'établis il a une réponse toujours la même, unique, immuable : il nie. Au besoin il abrite ses négations obstinées sous son titre qu'il appelle sacré, il les appuie de sa parole de prêtre, voire même sans trop d'hésitation d'un serment sur l'Évangile : et tout est dit. Après cela, il se croit dispensé, sans doute, de fournir des preuves; et en effet, il n'en donne pas, et n'en offre jamais. C'est la seule chose qui lui coûte, paraît-il, et que je ne puisse obtenir de lui. Je me trompe cependant : dans sa dernière lettre, il en essaie une, et qu'est-ce encore? une nouvelle dénégation, un démenti imploré par lui et envoyé à son secours par un autre prêtre.

Toujours des négations, et toujours des prêtres, rien que cela ! N'est-ce pas le cas de rappeler que ce sont ces choses et gens plus faciles à trouver que des raisons et des preuves !

Toutefois, je reconnais, Monsieur l'abbé, que cet expédient de polémique, qu'on vous a dicté, ne manque pas d'une certaine adresse. J'affirme et vous niez! je vous accuse de tentative de spoliation et vous niez ! je prouve et vous niez toujours; vous tentez même de me retourner l'accusation. C'est me mettre dans la nécessité de vous accuser formellement, en termes propres, de mensonge et d'imposture; et vous avez compté, n'est-ce pas? sur ce respect, cette confiance crédules, aveugles, béats, que vous et les vôtres rencontrez encore trop souvent. C'est un moyen qui déjà et tant de fois a si bien servi pour triompher de la raison, de l'évidence et de la vérité, que vous croyez pouvoir en toute sécurité vous reposer sur lui, sans en employer d'autres. Il a d'ailleurs le mérite d'une simplicité et d'une commodité sans égales. Un prêtre mentir avec cette audace, est-ce possible, est-ce vraissemblable? Telle est la question, Monsieur l'abbé, que vous m'amenez forcément et à mon extrême regret à poser devant le public. C'est à présent le véritable terrain du débat engagé entre vous et moi.

Un jour, Pascal, — si par hasard, Monsieur l'abbé, vous ignoriez ce qu'était Pascal, votre habile interpète que je connais, vous apprendra que c'est le nom d'un très bon chrétien, qui plus est excellent catholique, bien qu'il fût ni aumônier, ni chanoine, ni grand-vicaire. — Je dis donc qu'un jour Pascal fut conduit et contraint aussi à examiner la même question, à savoir s'il est croyable que des *religieux* puissent publier des choses qui ne sont pas, en nier d'autres qui sont, renoncer ainsi à leur conscience et se damner par des calomnies ?

Ce sont à peu près ses propres termes.

J'emprunterai au célèbre Janséniste ma réponse à une question qui nous est commune. Elle recevra de lui une autorité que je ne lui donnerais très certainement pas. Je la trouve dans un de ses provinciales ayant pour titre :

« *Que les jésuites ôtent la calomnie du nombre des crimes, et*

*qu'ils ne font point scrupule de s'en servir pour décrier leurs
ennemis.* »

Que si vous m'objectez qu'il s'agit de jésuites, je vous ré-
pondrai par les faits que nous voyons tous les jours, par l'inti·
mité qui règne aujourd'hui entre les membres du clergé et
les disciples d'Ignace de Loyola, par la déclaration souvent
répétée que s'en prendre aux uns, c'est s'attaquer aux autres,
enfin par ce franc aveu de l'évêque de Chartres, parlant
de l'Église, qu'il n'y a plus maintenant que des jésuites
en France. Oui, les jésuites naguère méconnus sont aujour-
d'hui les forts d'Israël ; ils gouvernent et enseignent le clergé;
ils lui ont fait accepter leur direction, et qui pis est leur morale.

Or, quelle est cette morale?

Suivant Pascal, les jésuites enseignent qu'on peut *mentir
avec intention, calomnier avec connaissance, imposer avec
desscin à ses ennemis des crimes dont on les sait innocents,* le tout
dans des *vues licites,* sans que pour cela on courre risque de
déchoir de l'état de grace. Et comme témoignages, le célèbre
et loyal écrivain multiplie les citations. Nous en reproduirons
deux seulement.

Dans une thèse publique, à Louvain, en 1645 les jésuites
soutinrent cette doctrine :

« Ce n'est qu'un péché véniel de calomnier et d'imposer de
» faux crimes, pour ruiner de créance, ceux qui parlent mal
» de nous. »

Voici en outre ce qu'on lit dans l'ouvrage d'un des plus doc-
tes membres de la Congrégation, Caramuel, n° 1,151 :

« Il est constant que c'est une opinion probable qu'il n'y a
» point de péché mortel à calomnier faussement *pour con-
» server son honneur ;* car elle est soutenue par plus de vingt
» docteurs graves, par Gaspard Hurtado et Diacastillus,
» jésuites, etc...; *de sorte que, si cette doctrine n'était pro-
» bable, à peine y en aurait-il aucune qui le fût en théologie.* »

J'ai cité : c'est toute ma réponse et n'y veux joindre aucune réflexion. Qu'il me suffise d'ajouter que ces mêmes maximes ont été récemment découvertes et signalées dans des livres destinés à l'enseignement de nos séminaires.

Il était important pour moi, monsieur le redacteur, de dire un mot de cette doctrine sur le mensonge et la calomnie, que les religieux, paraît-il, et toujours suivant Pascal, peuvent pratiquer en toute liberté de conscience. Mais cet examen pourrait m'entraîner au-delà des limites que je veux donner à cette lettre et je m'arrête là.

Je n'ai plus à faire remarquer qu'une chose, c'est que M. Chaillous défend contre moi, d'après ses propres expressions, son *honneur sacerdotal*, c'est-à-dire précisément un des cas prévus par le docte Caramuel. On peut donc penser qu'il s'est cru permis de nier, sans risque de péché mortel. A-t-il usé de toute la latitude accordée par cette morale nouvelle qui n'est certes pas celle de l'Évangile, jusqu'à me *calomnier avec connaissance* et m'*imposer à dessein des crimes dont il me sait innocent*? Je ne l'en accuse pas; mais ce que je puis affirmer, c'est que j'ai été dénoncé à la justice comme empoisonneur de ma femme et de ma fille. Et c'est probablement à ces ignobles outrages, qui circulent encore parmi les dévotes de notre canton, que M. l'aumônier fait de bénignes allusions avec cette feinte et fausse modération, remarquable dans sa dernière lettre, et qui est encore un des caractères du jésuitisme, à la fois miel et poison, caresse et cruelle blessure.

Maintenant, monsieur le rédacteur, je rentre dans les faits même du débat; je vais produire des pièces et crois pouvoir me dispenser d'y joindre de trop longs commentaires.

Deux points principaux sont à présent en discussion entre M. l'aumônier et moi.

Est-il vrai qu'il se soit adressé à l'un de ses confrères pour obtenir qu'il s'offrît complaisamment comme exécuteur testamentaire ?

A ma question, M. l'abbé répond, suivant sa coutume, par un démenti pur et simple.

Enfin, le testament du sieur Gilard, dont M. Chaillous a parlé le premier, a-t-il été, dans le sens que j'ai reproduit, inventé par moi ?

A ce fait encore, qui ne touche pas précisément et directement à ma réclamation, mais qui a pour objet important d'établir les habitudes de M. l'aumônier en matière de testament, on me répond par une accusation de faux.

Ce n'est pas là toute l'affaire, mais ce sont les seuls points sur lesquels mon adversaire insiste à cette heure, reculant pour ainsi dire devant les autres.

Voyons donc à cet égard, sans phrases, qui de lui ou de moi est dans la vérité, et qui dans le mensonge.

Pour ce qui est de l'exécuteur testamentaire, M. l'abbé me répond par un désaveu de M. le desservant de la commune de la Cornouaille. C'est en effet à celui-ci que j'avais fait allusion. De la lettre de M. Rogue, publiée par M. Chaillous, il résulterait que M. Chaillous n'a pas prié M. Rogue d'être l'exécuteur testamentaire de ma fille, et que M. Rogue ne m'a pas dit que cette demande lui eût été faite : en un mot que j'ai menti.

Eh bien ! j'affirme de nouveau, sur l'honneur, que M. Rogue m'a déclaré, dans une allée de son jardin, que M. Chaillous, trois semaines avant la perte douloureuse que j'ai faite, lui avait demandé de vouloir bien accepter le rôle d'exécuteur testamentaire dans le testament de mademoiselle de la Benardais. Le même aveu a été fait par M. Rogue à plusieurs personnes de Candé, dont je tiens le témoignage à la disposition de mes adversaires.

Mais j'ai à produire autre chose que de simples affirmations.

M. Rogue a jugé à propos de m'écrire, comme à M. l'abbé Chaillous. Voici la lettre qu'il m'a adressée. Je demande grace pour ces citations ; pour être utiles, elles ont besoin d'être complètes :

« La Cornouaille, 5 août 1845.

» MONSIEUR,

» Comme il est toujours pénible de se trouver dans les débats, lors même qu'on n'y reçoit que des éloges, permettez-moi une observation par rapport à votre dernière lettre, pour ce qui me concerne. Je pense que dans les questions que vous adressez, vous n'agissez pas d'après *le petit entretien que nous avons eu ensemble ;* car vous devez vous rappeler que quand il fut question de la malheureuse affaire dont retentissent les journaux, *je ne nommai personne;* que je ne dis point non plus qu'on m'avait demandé de vouloir bien accepter le rôle d'exécuteur testamentaire ; *mais que,* QUELQU'UN *me parlant* D'UN TESTAMENT *me dit qu'on pourrait me nommer exécuteur testamentaire,* ce que je repoussai de suite avec force, en disant que je n'accepterais jamais. Je ne me suis point non plus trouvé dans la petite allée du parc avec M. l'aumonier. Le jour dont il est question, et où je ne vis que mademoiselle Nannecy, j'étais déjà au bas de la cour, près la porte de la prairie, *lorsque M. Chaillous m'appela, et nous nous rendîmes ensemble à Candé, par la grande route.* Voilà, monsieur, l'exacte vérité.

» J'ai l'honneur d'être, monsieur, etc.

» P. ROGUE, curé. »

Ou je me trompe beaucoup, ou, de cette lettre, la vérité jaillira claire pour tout le monde. Seulement il faut savoir la lire, car c'est un modèle de ces réticences mentales qu'enseignent aussi les jésuites. Toutefois l'éducation de M. Rogue est restée imparfaite ; il n'a pas encore atteint le sublime de l'art qui est de nier tout simplement, sans autres scrupules ; il en est encore à essayer le déguisement de la vérité ; il ne

l'écrase pas, il la tourne; et tenez, monsieur le rédacteur, je
parierais·gros que la rédaction de la lettre publiée par M.
Chaillous, où le démenti est net et bref (ce qui par parenthèse
constitue une contradiction que je pourrais relever), je parie-
rais, dis-je, que cette lettre n'est pas textuellement sortie de
la plume de M. Rogue.

Mais, va-t-on me répondre, m'a-t-on déjà répondu d'avance,
vous injuriez M. Rogue! Avez-vous donc oublié l'éloge que
vous-même avez fait de son caractère! Je n'injurie pas,
je n'oublie rien, et je ne retracte rien. J'estime encore que
M. Rogue est un homme honnète, honorable; seulement il a
été faible; on l'a circonvenu et de très haut, on lui a parlé de
cause commune, de la haine des·laïques, de l'honneur sacerdotal compromis, et il s'est laissé imposer, non pas sans
résistance, j'en suis sûr et je le sais, une demi contre-vérité.
Et puis, en définitive, n'ai-je pas dit quelle espèce de morale,
justificative de tous les moyens en vue de la fin, on enseigne
dans tous les séminaires. Quels fruits veut-on que portent ces
déplorables doctrines, sinon des fruits pourris ou verreux. Je
défie que les esprits les plus sains, exposés à ce souffle funeste,
ne trahissent pas eux-mêmes, à un instant donné, quelque
tache honteuse.

En résumé, n'apparaît-il pas évident, dans la lettre que je
viens de citer, que le *quelqu'un*, qui, parlant à M. Rogue d'*un
testament*, lui a dit qu'on pourrait le nommer exécuteur testamentaire, n'est autre que M. Chaillous? Seulement ce ne
serait pas dans l'allée de mon parc, mais sur la grande route
de Candé où elle aboutit, que la demande aurait eu lieu.
C'est une rectification que j'accepte, bien qu'elle soit con-
traire à mes souvenirs.

Je passe au testament du sieur Gilard. On se rappelle le parti
que M. Chaillous a tenté d'en tirer pour la plus grande gloire
de son désintéressement. J'ai donné un résumé de ce testa·
ment; mais voici que M. l'abbé nie le texte qui m'avait été

fourni et que j'ai produit. Toujours nier ! « Tout, dit-il, y est controuvé, date, noms des témoins, rédaction. C'est une fable absurde où le ridicule détruit la vraisemblance. » La vraisemblance d'une fable !

C'est là une question qu'il est facile de résoudre. Je vais citer aujourd'hui le texte entier, textuel, de ce testament, sans faire grace à M. l'aumônier d'un mot :

Testament du sieur Gilard.

Devant M. Julien-Charles Reine, notaire à la résidence de Candé, arrondissement de Segré, département de Maine et Loire, soussigné,

Et en présence de,

1º M. Louis Baugé, curé de Candé ;

2º M. Elie-Joseph Brochet, maître tisserand ; (1)

3º M. Étienne Marsollier, maître cordonnier ; (2)

4º M. François Descures, maître tisserand ; (3)

Tous les quatre demeurant séparément ville de Candé, témoins à ce réquis, appelés conformément à la loi.

Est comparu ;

M. Jean-Toussaint Gilard, rentier, demeurant à la Gré-Saint-Jacques, commune de Vertz.

Lequel comparant, sain d'esprit, jugement, mémoire et entendement, ainsi qu'il est apparu auxdits notaire et témoins, a dicté à M. Reine, notaire, en présence des quatre témoins, son testament comme suit :

Je déclare instituer pour mon légataire universel, M. Mathurin Chaillous, aumônier de l'hospice de Candé, demeurant ville de Candé ; en un mot, je veux que M. Chailloux soit mon seul et unique héritier.

Je veux être enterré dans le cimetière de la ville de Candé.

(1) Sacriste.
(2) Cordonnier du presbytère.
(3) Chantre.

Ce testament a été ainsi dicté par M. Gilard, testateur, à M. Reine , notaire , soussigné , qui l'a écrit en entier de sa main tel qu'il
lui a été dicté, l'a lu ensuite au testateur, lequel a dit avoir bien
entendu cette lecture, et y persévérer comme contenant bien l'expression de sa volonté, le tout en présence des quatre témoins ci-
dessus nommés et soussignés.

> Dont acte :

Fait et passé à Candé en la demeure de M. Louis Baugé , curé
de Candé où le notaire et les témoins se sont transportés à la réquisition expresse du testateur.

L'an mil huit cent quarante-deux le premier septembre.

Et ont, le testateur et les témoins , signé avec le notaire après
lecture entière.

La minute est signée Jean Gilard, testateur, Baugé, curé de Candé , Brochet, Marsollier et Descures, témoins , et Reine , notaire.

Enregistré à Candé , le treize septembre 1842, folio 200 , recto
case 7. Reçu cinq francs et cinquante centimes pour le décime, signé Mabire.

> Suit cette déclaration d'un des héritiers :

« Je déclare la présente copie du testament de mon oncle conforme à celle qui m'a été délivrée par M. Reine , notaire à Candé ,
et j'autorise M. Reine ou M. de la Benardais à la faire insérer dans
tel journal que bon leur semblera.

> » ALEXIS GILARD. »

Je croirais puéril d'ajouter à cette citation un seul mot.

Que reste-t-il encôre ?

Le legs de 10,000 fr., destiné aux frères de la doctrine , M.
l'Aumonier continue de le passer sous le silence. C'est à peu
près le seul qu'il n'ait pas osé nier.

Pour ce qui est du don de 6,000 fr. que devait recevoir sa
nièce, c'est autre chose. Il n'a pas été énoncé , dit-il, par
Mlle de la Benardais, qui donc alors vous a révélé ce fait ? Je lui
repéterai qu'entr'autres preuves, je tiens à sa disposition l'aveu
fait par les frères , à deux reprises différentes , au sieur Berthelot d'abord, et à M. Livenais , dans une scène que j'ai men-

tionnée. Je suis de nouveau autorisé à déclarer la parfaite exactitude du fait. M. l'Aumonier prétend qu'à ces témoignages il en peut opposer d'autres ; que ne le fait-il , et pourquoi ne l'a-t-il déjà fait ?

Je note encore en passant que M. l'abbé n'a pas produit cette lettre que je lui ai demandée , où ma fille réclamait ou faisait réclamer de sa complaisance le modèle d'un testament.

Au sujet des 10,000 fr. destinés aux frères, il est une circonstance qui a son prix, et que je dois dire. Ces 10,000 fr. seraient allés , en réalité , à la caisse de M. le curé Baugé , ce célèbre héritier de M. Besnard. En effet, le traitement des frères est , en totalité ou en partie , à la charge de M. Baugé, et par un traité passé entre M. Baugé et les frères, tout ce qu'on donne à ceux-ci diminue d'autant les obligations de celui-là.

Au reste, il paraît qu'on est très courroucé contre les frères, on leur reproche une indiscrétion maladroite , et il est question de leur déplacement.

De tout ceci, monsieur le rédacteur, la conclusion est facile à tirer , et c'est un soin que je laisse au public impartial. J'ai accusé M. l'abbé d'une tentative de spoliation, dans ma famille, au préjudice de mes enfants ; qu'on dise si cette accusation choque la vraisemblance et la vérité. J'accepte , sans crainte aucune , le jugement de l'opinion publique.

J'ai nommé M. le curé Baugé. C'est un flaneur de testament. A cet égard , sa réputation est faite. Or, M. l'abbé Chaillous a été élevé par lui, c'est son élève, son commensal de tous les jours. Je reconnais, M. l'abbé, que vous n'êtes pas encore arrivé à la hauteur du maître ; non, ces prés verdoyants que je vois d'ici et que j'admire, ces terres fertiles, ces belles closeries, ne sont pas les vôtres. Ce n'est pas vous qui avez obtenu d'un de vos voisins 6,000 fr. pour l'avoir assisté à ses derniers moments. Ce n'est pas à votre profit que récemment encore un cultivateur de la Pugle, homme d'une intelligence faible, a stipulé un don de 5,000 fr., sans s'inquiéter d'une sœur qui mendie, et d'un beau-frère aveugle. Non, ce n'est pas à vous qu'on peut adresser ces reproches. Vous n'avez pas encore ce suprême et saint talent de faire rendre à l'église tout ce qui est à l'église, c'est à dire à Dieu. Mais patience ! vos débuts et la façon dont vous interprétez le code promettent, et je ne désespère pas de vous voir bientôt jouir, à votre tour, d'une belle et bonne grosse fortune vertueusement acquise dans le confessionnal au nom de la charité chrétienne.

Je vous édifierais beaucoup, monsieur le rédacteur, si j'avais le temps de vous raconter comment toutes ces choses se passent. Ces messieurs ont de pieuses intermédiaires, dont les la dévote complaisance et le nom sont toujours prêts ; Mlle Juin donne à Mlle Ganne ; Mlle Ganne à la Bobotte, sa domestique ; la Bobotte à M. le curé un tel ou tel autre. Ou bien encore, c'est Mlle Potel qui donne à Mlle Quenelle, etc., etc. Petits et grands ruisseaux qui se rendent toujours à la même rivière.

J'ai parlé de l'affaire Besnard. C'est toute une curieuse histoire que vous ne connaissez peut-être pas, monsieur le rédacteur. Il faut l'entendre raconter par M. le curé de Candé lui-même.

C'est malgré lui, à son insu, que M. Besnard l'a fait son légataire universel. Il en jure ses grands dieux. C'est à l'évêché, paraît-il, où il se trouvait on ne sait comment ni pourquoi, que M. Besnard fît son testament, où il inscrivit un seul nom, celui de M. Baugé. Cependant des difficultés survinrent. Il y avait une somme de quarante mille francs en dépôt chez M. l'abbé L....; celui-ci déclara à M. Baugé qu'il désirait être débarassé de cette somme le plustôt possible; mais lorsque notre légataire universel se présenta pour toucher, on lui répondit par un refus. M. Baugé en avait besoin pour ses frères, mais Monseigneur les réclamait pour ses jésuites; de là, correspondance et nouveaux refus. M. Baugé, ennuyé, fit résonner aux oreilles de M. l'abbé L... les mots d'avocat, d'action judiciaire. Alors intervint un arrangement. M. l'abbé L... déclara devant témoins, et par écrit, qu'il avait reçu la somme non à titre de dépôt, mais pour en disposer à sa volonté. M. le curé Baugé emporta cette déclaration, mais pas d'argent. Et qui fut penaud ? ce fut lui. Il raconte qu'il se résigna par déférence pour ses supérieurs...

Il y a bien encore à ce sujet une autre histoire où figure Mme la supérieure du Bon-Pasteur. Il s'agit cette fois d'une rente de 400 fr., dont le légataire, toujours universel, réclamait le remboursement, qui lui a été refusé, au moins une première fois. Je ne sais si, en définitive, de ce côté encore, il y a eu mystification.

Au résumé, et pour vous rassurer sur le sort de M. l'abbé Baugé, la succession de M. l'abbé Besnard a été assez bonne en meubles et immeubles; mais je vous prie de croire, comme moi, que ce sont des biens qui sont tombés du ciel à M. le curé de Candé, à son grand étonnement, et presque à son déplaisir. Le pauvre homme !

J'ai fini, monsieur le rédacteur; j'ai été fort long, dans l'espérance de n'avoir plus à revenir sur cette affaire. Il me reste à vous remercier d'avoir bien voulu me prêter la publicité de vos colonnes pour une réclamation, qui était d'ailleurs, je crois, d'un intérêt très général. J'ai besoin de rappeler aussi en terminant, qu'en saisissant la presse de cette affaire, je n'ai obéi qu'à un sentiment de légitime défense, et pour détruire les calomnies dont j'étais l'objet, en en signalant la cause, je ne dis pas la source. J'ai été entraîné malgré moi, au-delà des limites que je m'étais proposées, sur le terrain même de mes adversaires. On m'y a poussé par des provocations réitérées. Si j'ai pu être utile à mes concitoyens, en dénonçant un grand danger commun à toutes les familles, je me consolerai par cette pensée des haines que j'ai soulevées, des tracasseries et des persécutions de toute sorte auxquelles je m'attends. Soyez d'ailleurs sans inquiétude sur mon compte, je suis armé

de pied en cap , et à chaque attaque ne manquera pas la ri-
poste.

J'espère pourtant, et comme discussion , en avoir terminé
avec M. l'abbé Chaillous. S'il lui plaisait de continuer , il n'y
a plus entre nous qu'une rencontre utile, possible : c'est devant
un tribunal où se pourraient produire largement , efficace-
ment tous les témoignages. Qu'il nous conduise devant cette justice de nos concitoyens, je l'y convie ; j'y comparaîtrai, entouré
de tous les habitants de notre contrée , s'il le faut, car là on
connaît les choses dont j'ai parlé , les hommes que j'ai combat-
tus, et depuis longtemps l'opinion publique y a prononcé son
jugement unanime.

Agréez , monsieur le rédacteur , etc.

DE LA BENARDAIS.

La Cornouaille, 14 août 1845.

RÉSUMÉ.

———

Nous sera-t-il permis, en faisant sur cette polémique des réflexions sincères et laconiques, d'expliquer des faits ignorés jusqu'à ce jour.

Qu'a-t-on vu dans cette discussion?

Un desservant d'esprit maniable se laissant imposer un désaveu par lequel il substitua au nom de *Chaillous* le mot *quelqu'un*, — expédient qui n'a trompé personne.

Cosnedi, jésuite, dit, JUGEMENTS THÉOLOGIQUES : « *Si vous croyez qu'il vous est ordonné de mentir, mentez .*»

Un autre prêtre, qui, à l'aide de la confession, s'insinue dans la confiance de deux jeunes filles inexpérimentées, sorties de pension depuis peu de mois, et qui leur enseigne, le code à la main, que la loi leur permet de disposer de leurs biens. On a pu suivre jusqu'au bout le fil de ces ténébreuses intrigues, et il est plus que jamais avéré qu'il n'est aucune garantie pour le père de famille, lorsque sa fille subit l'influence de certains confesseurs.

N'a-t-on pas vu celui-ci demander un exécuteur testamentaire, donner des modèles de testament et envoyer des notes à un autre ecclésiastique pour la rédaction de ces lettres de rectification, qui n'ont rien justifié et qui ont laissé peser sur la tête du coupable toute la réprobation qu'il a méritée.

Quand au serment fait sur l'Évangile, rappelons-nous la maxime du jésuite Cardenas : CRISIS THÉOLOGICA : *Soit en matière grave ou legère, il est permis de faire un serment sans avoir l'intention de le tenir, si l'on a de bonnes raisons pour se conduire ainsi.*

Parlerons-nous des comparses qui ont servi à la perpétration de cette comédie sacrilége. Nommerons-nous ces domestiques zélées qui ont fait un usage si méritoire de la confiance de leur maître. Montrerons-nous cette femme de chambre si dévouée, si compatissante, faisant transcrire à sa maitresse affaiblie par la maladie, lassée d'obsessions continuelles, un testament spoliateur, et quand la mort arrive, se hâtant de faire copier le même testament à la sœur de la mourante !

Nous ne voulons pas revenir sur des faits que tout le monde connait ; cependant il est impossible que nous n'insistions pas sur les moyens employés pour justifier le don attribué à la nièce de M. l'Aumonier. Mlle de la Besnardais n'était pas représentée officiellement lors du baptême. On lui a fait signer plus tard le registre de M. le curé chez Mlle Chailloux, et de suite se trouve expliquée la libéralité de la donatrice en faveur de la nièce de ce prêtre désintéressé.

Qu'on nous permette encore de nous attendrir sur l'infortune de cet estimable frère des Écoles chrétiennes ! Lui aussi avait eu la promesse d'un don. Cette bonne fortune inattendue lui a tourné la tête, il n'a pu garder le secret de son bonheur, et l'infortuné en recevant un ordre

de déplacement, aura pu méditer sur les dangers de l'indiscrétion et comprendre, par la main qui le frappait, à qui
devait profiter la donation qu'il n'avait fait qu'entrevoir.

Maintenant avons-nous besoin de nommer l'homme qui
tenait tous les fils de l'intrigue; cet homme qui fait mé-
tier de courir les donations et qu'on a vu se prodiguant
toujours, se mêlant à tout, caressant les riches, impi-
toyable aux pauvres, interposant sa main dans chaque
testament et se faisant administrer des legs au détriment
de malheureux, qui aujourd'hui mendient leurs pains.

Nous voulons clore cette pénible discussion. On a nié,
on a ergoté, on a juré sur l'Évangile, et bien nous pou-
vons exhiber un écrit émané d'une personne qui mérite à
tous égards l'estime de tous et la plus haute considération.
Cet écrit contient littéralement ce qui suit :

1° « Il est vrai que mademoiselle de la Benardais avait
» fait un testament avant son départ de Villegontier (*sa*
» *sœur est décédée le 12 janvier, elle est partie le 24 dudit*
» *mois*) »

2° « Il est également vrai, qu'il avait été déposé chez
» un homme d'affaires. J'ignore qui l'y avait déposé (*la*
» *femme de chambre.*) »

3° « Il est vrai que ce testament montait à plus de
» 20,000 francs. »

4° « Il est vrai que mademoiselle avait retiré ce testa-
» ment. Je vous ai donné ma parole qu'il n'existait plus.
» Il a été brûlé par elle-même? »

Deux mots encore. On a voulu égarer l'opinion publique, on a travesti les faits, et on n'a pas craint d'abriter
sous le manteau de la religion des actes que la moralité
condamne, que la foi désavoue, que la véritable piété

réprouve. La tactique était trop grossière pour réussir. Dans ce débat, le public a pu voir quels étaient les adversaires. D'un côté des hommes avides, s'introduisant dans une famille pour la désunir et la dépouiller ; de l'autre, un père, défendant l'héritage de ses enfants contre d'avides spoliateurs, accomplissant un devoir de citoyen en dénonçant les manœuvres coupables qui ont troublé son repos, aigri sa vieillesse. Quand c'était à lui de flétrir et d'attaquer, il a fallu qu'il se défendît contre d'infâmes calomnies, et la haine de ses ennemis n'a même pas reculé devant une accusation d'empoisonnement !

L'éloquence de ce rapprochement dispense de tout commentaire, tout le monde en comprendra la signification. Les vrais amis de la religion, pour déplorer le scandale de cette affaire ; les pères de famille, pour veiller sur la direction qu'on imprime à leurs enfants et pour s'opposer aux tentatives dont leur patrimoine est le but ; le public, enfin, pour flétrir les coupables, pour condamner leurs actes et pour imprimer à leur front la réprobation qu'ils ont méritée.

Angers, Imp. de Cornilleau et Mauge.

www.ingramcontent.com/pod-product-compliance
Lightning Source LLC
Chambersburg PA
CBHW061257050726
47594CB00004B/1512